Eileen Mägel

In die Binsen gehen

Gedichte

THELEM

Bibliografische Information der Deutschen Nationalbibliothek
Die Deutsche Nationalbibliothek verzeichnet diese Publikation in der Deutschen Nationalbibliografie; detaillierte bibliografische Daten sind im Internet über http://dnb.d-nb.de abrufbar.

Bibliographic information published by the Deutsche Nationalbibliothek
The Deutsche Nationalbibliothek lists this publication in the Deutsche Nationalbibliografie; detailed bibliographic data are available at http://dnb.d-nb.de.

ISBN 978-3-95908-655-4

Gesamtherstellung: THELEM
Umschlaggestaltung und Satz: Viktor Hoffmann (THELEM)
Made in Germany

To whom it may concern
und meine Mama

Zu Beginn

Gedichte will keiner und liest keiner. Das habe ich immer und immer wieder gehört. Und mir gedacht, das sei so ähnlich wie bei der Zeitung mit den vier Buchstaben. Die ist trotzdem Marktführer.

Fünfzig Seiten Lyrik. Gedanken, Reflexionen, Erfahrungen und Gefühle. In Worte und auf Papier gebrachte Erinnerungen. Ein Spiel mit den Bildern im Kopf jeder Leserin und jedes Lesers. Gelegentlich mit überraschender Wendung.

Dabei ist der Sprache nichts heilig. Sie verzichtet auf allzu Beschreibendes und erinnert sich an vielen Stellen an die Binsenweisheiten der Großmutter. Lyrik ist die ideale Form, so als müsste mancher Gedanke nur schnell noch zu Ende gebracht werden. In der Lyrik habe ich meine Sprache gefunden.

Der Anspruch: Ganz bei mir selbst zu sein, schmerzhafte Erinnerungen nicht zu verschweigen. Dabei bleibt das Geschriebene trotzdem Fiktion.

Jede Ähnlichkeit mit lebenden oder realen Personen ist natürlich rein zufällig. Oder vielleicht auch ganz genau so gewollt.

Viel Vergnügen. Es sind Gedichte.

Hiddensee

Komm lass uns Hühnergötter suchen
Glücksspielend am Strand
Lassen wir Maschas Leben auf uns regnen
Stopfen unsere Seelenlöcher mit Meeresblau.

Komm lass uns lieben mit Sand
Auf den Zähnen mit den Möwen
Um die Wette schreien, weil auch
Die Feuerqualle auf unseren nackten Körpern brennt.

Komm lass uns Muscheln sammeln
Den Weg hinauf zu Krusos Klausnerküche
Koste es was es wolle die Steilküste hinunterspringen
Durch den Ginster ins Meer.

Komm lass uns unterm Leuchtturm liegen
Den Himmel anstaunen
Aus bernsteingrünen Augen fallen Tränen auf die Insel
Nur dieses eine Mal.

Meer

Als es sich küssend mir zu Füßen legt
Gebe ich dem Meer die Hand.
Gierig leckt es mir den Bauch
Spielt mir an den Brüsten
Wäscht mir das Haar
Schließt mir die Augen
Nimmt mich in sich auf.

Überfahrt

Schnurgerade Streifen in die asphaltglatte Wasserstraße
Fräsend wie Fontanes Schwalbe
Lässt die Fähre backbord und steuerbord
Grünorange Bojen im Bodden zurück
Und Möwen die von der Insel winken.

Auf der Gischt schaukeln parkende Schwäne
Mensch und Hund verdösen die Überfahrt
Mit geschlossenen Augen
Ohne Gruß versinkt der Leuchtturm
Taucht das Festland aus nebligem Dunst.

Hinter dem Boot liegt das Meer still und wartet
Spielt Ping Pong mit einem Sonnenstrahl
Der zärtlich anklopft bis es sich öffnend ihn einlässt.

Flucht

Das Meer
Liegt glatt
Spiegelt das Boot
Das sie und ihn tragen soll
Westwärts ins Freie.

Die Angst
Hat sie stumm gemacht
Und kalt.
Unfähig zur Rührung
Fällt sie und ertrinkt.

Stille Wasser sind tief.

Der Sperber über dem Spatzennest
Schafft Ruhe
Wie einer der aufflog das Fürchten zu lehren.

Sonnenaufgang

Der Himmel
Bei Sonnenaufgang im Osten
Ein Wandbild
Aus rotgoldenen Streifen und weißblauen Wolken
Die sich türmen wie die Berge des Făgăraş am östlichen
Horizont.

Ich verschließe die Augen
Vor dem Stoff aus dem meine Träume sind.

Jahreszeiten

Hoffnung kriecht aus dem Boden
Wirft buntes Leben
In ein frisches Jahr
Ich bin neu.

Tage wie Honig
Schieben goldgelbe Kühe
Durch die Gassen
Friedlicher Gleichtrott
Anstatt jeden Tag
Eine neue Sau durchs Dorf zu jagen.

Blätter wie hingewehte Zeit
Am Boden herbstlicher Blattsalat
Jedes ein Moment
Unwiederbringlich vorbei.

Der erste Schnee deckt das Jahr zu
Mit den Erinnerungen wische ich ihn weg
Ein Ende mit Schrecken
Bevor der Schrecken kein Ende hat.

Frühling

Der Tag kriecht über den Horizont
Schiebt die Schatten der Nacht westwärts
Morgenluft trägt das Knattern der Schwalbe
Ins offene Fenster imponiert der Täuberich
Auf Mutters Balkon der primelgelb den Kranichen zuwinkt
Die in Formation in den Himmel trompeten:
Veronika! Der Lenz ist da.

Făgăraş

Bären hatten sie gesagt es gäbe Bären
In den Wäldern des Făgăraş durch die wir auffahren
Kurve um Kurve den Pass hinauf.
Sitzend am Waldrand betteln sie um ihre Existenz
Gefesselt an diesen Pass und die Menschen
Die sie durch sichere Autoscheiben schreiend anstaunen.
Leblose Schatten wilden Lebens das sie aufgegeben haben
Und sich einen Bärendienst erweisen.

Caspar

Der Zukunft drehst du den Rücken
Den Blick schweifend
Über die Wiesen
Der Stadt am Meer
Der Stadt am Fluss
Die mir Heimat waren.

Was glotzt du so romantisch
Fragt der Dichter den Blick
Der ihn verstehen lässt
Was du dir aus dem Gesicht geschnitten
Gebannt hast.

Auf der Leinwand sehen vier Augen mehr als zwei.

Dresden

Schaufelraddampfer
Durchfräsen die Stadt
Teilen sie in zwei
Hälften
Linkselbig
Rechtselbig

Die gute Seite
Die schlechte Seite
Sagen die Menschen
Die dort Brücken brauchen
Von der einen zur anderen Seite ihrer Herzen
Die zerfräst sind
Wie die Stadt.

Über sieben Brücken

Abraumförderbrücke.
Romantischer Rahmen
Rußiger Träume
Nicht schmutzig genug
Nicht geträumt zu werden.

Friedrichsbrücke.
Ein Lampenladen
Der Palast
Der darin glänzen wollte
War schon nicht das hellste Licht gewesen.

Seebrücke.
Die Straßenbahn rollt
Wie Wellen rollen an den Strand
Rollentausch
Wenn die Straßenbahn rollt zum Strand.

Duxbrücke.
Der Tragödie vierter Teil
Auf der Wiese haben wir gelegen
An unserem Schicksal gekaut
Es irrt der Mensch solang er strebt.

Krämerbrücke.
Ein Mistelzweig
Und goldene Puffbohnen
Ein Glücksversprechen
Dem der es pflegt.

Beethovenbrücke.
Und 9. Sinfonie
Kein Götterfunken nur Freude
Dass das Jahr im Jubel endet.

Hohenzollernbrücke.
Über den Fluss
Den wir zum Sonnenaufgang beim Fließen beobachten
Nach durchtanzter Nacht
Ach wäre es doch nie vorbei.

Liebesleben

Als wir uns begegnen
Ist mein Platz an dem Schreibtisch
In der Mitte der Firma
Du kommst oft dort vorbei.

Aus einem Blick
Wird das Eheversprechen
Immer die Wahrheit zu sagen
Ein Haus. Ein Kind. Kein Hund.

Das Kind ist groß
Das Haus noch größer
Das Glücksheft leer
Die Liebe ausradiert.

An dem Schreibtisch
In der Mitte der Firma
Sitzt ein anderes Mädchen
Du gehst dort oft vorbei.

Die sagen ein Versprechen muss man halten
Wissen nicht was es heißt ein Versprechen zu brechen.
Sonst würden sie nie mehr versprechen.

Poet und Raubfisch

Das Stahlross das du reitest
Ist ein weißes Pferd auf dem ich dich träume
In einer Rüstung kämpfend mit dem Sturm
In dem du mein Herz eroberst.

Als wir uns kennenlernen
Zitierst du Goethe auch das ist Kunst
Bis ich dir Wort für Wort von den Lippen gefressen
Zwischen meinen Raubfischzähnen in Verse presse.

Sturm

Raue See wirft mich von den Brettern
Die mir die Welt bedeuten auf die Planken.
Auf dem Weg zum Wir
Reißt du unter Segeln die der Sturm bläht
Das Ruder herum
Deine Vernunft dreht das Rad
Dreht dreht: Klar zur Wende?
Dichtholen bis die See still ruht.

In die Binsen gehen

Erinnerungen an dich
Gesammelt wie Pilze
Myzelien
Die mir unter die Haut kriechen
Mein Gehirn fressen
Bis nichts bleibt.

Ich gehe in die Binsen.

Die Einschusslöcher in meinem Herzen
Lassen das Glück hinausrollen
Die Straße hinunter
Bis es unter die Räder kommt.

Kairos

Der Geigenbogen trennt den seidenen Faden
An dem mein Herz hängt mit messerscharfer Klinge
Bis es frei ist und auffliegt mit dem ersten Flügelschlag
Als Melodie zu dir.

Auf ihrem Weg macht sie den Bäumen Beine
Tanzt über wolkengeschmückte Städte
Packt die Gelegenheit beim Schopfe
Schafft den Absprung.

Abgesang auf unsere Liebe
Der dein Herz nicht mehr erreicht.

Du pustest meine Träume weg
Sag ich und meine den Traum von meinem Leben
Dem du den Wind nimmst aus den Segeln
Und damit bläst zum Halali.
Nimmst die Luft mir zum Atmen
Anstatt mich zum Jagen zu tragen.

Du bist mir gewachsen
In deinen Fußstapfen
Kann ich mich gehen lassen
In deinen Händen
Wahrsage ich uns Zukunft
Von deiner Haut
Reibe ich mir Schuppen
Aus meinem Haar
Machst du dein Winterfell
Aus meinen Augenwinkeln
Sehe ich dich gehen.

Ballade ohne Happy End

Durch das Autofensterviereck sehe ich zum letzten Mal deinen Blick.
Du hattest dich hinunterbeugen müssen dafür.
Der hingeworfene Kuss. Den du gefangen hattest.
Dann peitsche ich den Wagen durch die Stadt.
Der Schmerz bohrt.

Pause!
Hatten wir gewollt. Hatte ich gewollt?
Nach heimlichen Monaten waren wir am Ende mit unserem Latein.
Keine Kraft mehr für ein Zwischenleben
zwischen meinem und deinem.

Ein ganzes Land liegt zwischen uns
und deine Ehe und meine Zweifel
wie es gehen kann. Ob es reichen wird. Ob das Netz hält.

„Ein Ring in Ewigkeit. Ein Mensch der immer bleibt.
Wovor haben wir nur so viel Angst?", fragt der Sänger.
Und wir antworten: Vor unserer Erfahrung.

Jetzt gehst du zurück in dein Leben und ich in meines.
Und der Schmerz bohrt. Den Zweifel auf. Aus der Ferne.
Keine Nähe mehr. Keine Treffen mehr. Bis klar ist, was es war.
Oder wird.

Dabei ist es immer da gewesen. Das Band.
Jahrzehnte. Die wir uns kannten. Schon als Kinder.
Meist aus der Ferne. du in deinem Leben. Ich in meinem.

Als dein Leben zerfiel. Begann ich dich zu suchen. Es gibt keinen Zufall.
Es war so leicht zu beginnen.
Das Zwischenleben zwischen deinem und meinem.
Gefühle wie Schmetterlinge.

Wenn wir uns trafen, verging die Zeit nicht mehr.
Auch die Zweifel nicht, die stärker wurden.
La vie est une fleuve tranquille. Etait!
Ein paar Stunden, in Monaten. FreiTage, die uns gehörten.
In Hotelbetten und fremden Städten.
An vertrauter Haut. In grünen Augen.

Ohne wirklich Teil zu sein. Von deinem Leben.
Von meinem Leben. Phantome einer Zwischenwelt. Aber nie real.
Der Schmerz bohrt, wenn wir uns loslassen.
Der Schmetterling ist fort. Er mag die Schwere nicht.

Sieben gestohlene Tage im Sommer.
In einem fremden Land.
Und die Gewissheit.
Dass es nicht gehen kann. So.

Ein letzter Abend in der Wiese am Fluss.
So kann kein letztes Mal sein.
Pausen beenden den Schmerz nicht. Pausen beginnen
das Ende.

Epilog I

Auf dem Silbertablett
Deiner Gesundheit
Hast du meine Liebe abserviert
Jetzt erlaubst du dir
Mich nur noch tröpfchenweise
In homöopathischen Dosen
Ach hör doch auf
Wenn es am schönsten ist.

Epilog II

Domino aus Hirngespinsten
Gestapeltes Hirngebirge aus Stunden mit dir
Bis du dich rausziehst und mein Leben
Wie ein Kartenhaus zusammenfällt.

Um stark zu sein ziehe ich mir
Mein Fell über die Ohren
Damit du nicht siehst und ich nicht höre
Wie ich aus allen Wolken falle.

Epilog III

Natürlich kommst du zurück
Mit dem Spatz an der Hand
Weil die Taube noch immer aus der Ferne gurrt.

Ich denke nicht daran so einfach nicht mehr dein zu sein
Du warst so schön in meinen weichen Händen
Fühlte ich dein Herz wie unser Leben
Das aneinander verrann.

Meine Zweifel
Schleichen über die Seidenstraße
Ich hinterlasse Spuren meiner Seitensprünge
Wie Kondensstreifen am Himmel
Links und rechts des Weges
Und die Karawane zieht weiter.

Monatelang
Unter dem Radar geliebt
Unentdeckte Höhenflüge
An deiner Seite
Tief verwurzelt
Im Gedankenwald
Atmeten wir sehnsuchtssüchtig
Ringe in die Luft
Die der Sensor erfasst.
In tausend Teilen
Geht unsere Liebe zu Boden.

Stille

Die Stille summt.
Rauscht mir durchs Gehirn wie das Meer
Zischend mein Herz umspült das nicht schweigen will.

Die Stille brüllt.
Schreit an gegen den Lärm von tausend Gedanken
Die dich denkend Dauerschleifen drehen.

Funkstille.
Wo Reden Silber wäre schweigst du Gold
Ich verlerne das Sprechen bis du ein Lebenszeichen morst.

Du hattest gelacht
Verständnis
Verstehen
Früher war mehr Prosa
Oder mehr Lametta
Ich hatte geglaubt wir beide fühlten
Zwischen den Zeilen
Ich will nicht erklären
Du bist nicht mehr da.

Ließ dich gehen
Obwohl gewollt
All die Jahre
Gingen hin
Du gingst hin
In die Zeit
Die noch bleiben sollte
Und nicht blieb
Zu oft zurückgeschaut
Anstatt nach vorn zu gehen
Kommt unverhofft
Das Ende.

Wovor läufst du weg
Vor dem Ende
Dem Ende zu
Zum Ende hin
Vor dem Ende weg
Wenn du schneller läufst
Bist du schneller noch
Am Ende.

Gefühlsgeröll
Barrikadenhoch aufgetürmt
Herzsperre
Macht Eroberung unmöglich.

Himmelweiter Mund
Zum Munchschen Schrei geöffnet
Maulsperre
Macht mich stumm.

Erschütterung bis ins Mark
Schockstarre
Ich verhärte.

Totenstill.

Der Fisch I

Der Fisch
Statt vom Kopfe her zu stinken
Kann deinem Netz nicht entrinnen.

Du ziehst die Schlinge fest und wägst
Was nützt ein toter Fisch der mit dem Strom schwimmt
Und lässt mich ziehen.

Der Fisch II

Die Seitenlinie
Die mich aufrecht hält
– ich bin ein Fisch –
Ist übertreten.

Manövrierunfähig
Laufe ich aus dem Ruder
Bin nicht mehr zu steuern
Und treibe ab.

Annahme verweigert

Wenn ich annehme
Dass was du schreibst
Auf der Annahme beruht
Meine falsche Annahme
Noch verhindern zu können
Kann ich nicht hinnehmen
Dass das schon alles war.

Ich verweigere die Annahme
Und schicke
Deine Annahmen
Ungeöffnet zurück.

Postscriptum:
Empfänger unbekannt

Neben mir im Gras
Sitzt du und schiebst
Die Zehen
Nackt
Unter
Die Decke
Mit dem Wein
Den du liebst.

Von der Seite
Sehe ich auf zu dir
Hab ziemlich lang gewartet auf dich.
Auf mich hinunter sagst du zu mir:
Dass du auf mich wartest wusste ich nicht.

Also stehe ich auf
Nach all den Jahren
Und lasse dich
Aus meinen Augen
Und meinem Sinn.

Schatzsuche

Ich hab deinen Wortschatz gefunden
Du hattest ihn gut versteckt
Sprachschatz aus gestohlenen Worten
Hab ihn erst spät entdeckt.

Du nimmst mir das Wort aus dem Mund
Drehst es und wendest es um
Raubst ihm den Sinn und den Grund
Bleibst dabei selbst gänzlich stumm.

Es war keine große Sache
Doch habe ich schließlich erkannt
Du hast keine eigene Sprache
Es fehlt dir an Sinn und Verstand.

Ich kannte so viele Sprachen
Aus denen ich meine (er)fand
Was wäre aus mir geworden
Hätte ich dich nicht gekannt.

Mit deinem Wortschatz vergraben
Sind meine Worte nun auch
Am Ende bleibt mir zu sagen
Bei dir sind sie Schall und Rauch.

Alptraum

Ich liege in Ketten neben
Meinen Träumen auf dem Teppich
Unter dem meine Wünsche
In sich gekehrt verstummt sind.

Mein Herz hat sich kaltgestellt
Unverfroren fesselt mich
Mein Leben an der Hand
In der ich Marionette bin.

Cochemar in dem ich die Fesseln löse
Mein Leben ergießt sich
Wie Schaumwein in hellere Träume.

Roter Faden

Unsichtbar der Faden der
Uns verbindend ewig hält
Tauziehender Versuch der Entfesslung misslingt
Wie der Sprung über das Seil
Das balancierend uns trägt
Auch über dem Abgrund
Der sein Maul aufsperrt
Unsere Liebe zu verschlingen.
Geduldsfaden an dem hängend wir zerren
bis er reißt.

Wie ein Dach
Spannt sich der Regenbogen
Über Haus und Tal
Vom Sturm verweht
Bleibt ein Regenbogendachschaden.

Pinocchio
Liegt im Wolkenbett
Seine Nase ragt
In den Himmel.

Lügen haben keine Beine
Ihre langen Nasen
Werden vom Wind
Verweht.

Peterprinzip

Stufenweise
Der Aufstieg
Bis ganz oben
Mir die Luft ausgeht
Die Luft raus ist
Nur noch heiße Luft
Nach oben steigt
Mich vom Sockel reißt
Und ich falle.

Frau Winkelmann sitzt

Frau Winkelmann in der ersten Reihe
Im Konzert: Liebesfräulein. So heißt die Band.
Hört Lieder die sie kennt.
Jede Zeile.

Frau Winkelmann in der ersten Reihe
Hört von der Zeit als sie Mädchen war.
Mit Spangen im Haar.
Geschichten die nach Vergangenheit riechen.

Frau Winkelmann in der ersten Reihe
Denkt an Heiner. Der ihr nah war wie keiner.
Wie die anderen liebten:
Egal.

Frau Winkelmann aus der ersten Reihe
Sitzt dort nicht mehr.
Ihr Stuhl ist leer.

Wie Perlen vor die Säue
Wirft der Nachbar mir unverhofft
Ein Kompliment über den Gartenzaun
Mitten in mein Blumenbeet
Dort wo ich dich zu meinen Füßen träume
Fällt es auf fruchtbaren Boden
In den ich es pflanze
Hoffend dass die Saat aufgeht.

Nacht

Der Mond
Belächelt
Die Finsternis
Er sieht
Unser Nest
Am Fluss
Der Horst
Gegraben
Von unseren Körpern
Mördergrube aus Gras
Am Ende
Fallen wir selbst
Hinein.

Stalin unterm Weihnachtsbaum

Der Weihnachtsbaum
Er sollte nicht zu groß sein
War am Ende doch zu klein geraten.

Ein Sockel
Ihn zu erhöhen
Fand sich in Großvaters Schuppen.

Stalin. Ein Relief. Geschnitzt 1940
Verhalf dem Baum zu gewünschter Größe.

2023
Dominiert so schließlich
Die Natur den Diktator
Der sie hatte dominieren wollen.

Am Kamin

Ins Knistern
Des Feuers
Stöhnt der Baum
Seine Geschichte
Die aufsteigt
Im Schlot
Und den Gefährten
Im Wald erzählt
Dass wieder einer
Von ihnen
Zu Schall wird und Rauch
Ihr Tuscheln
Begleitet ihn
Bis er auserzählt ist.

Angst greift wie ein Raubvogel nach meinem Herzen
Das zitternd schlägt wie die Amsel beim Flugversuch.

Verzeichnis der Bilder

S. 15 Tes promesses s'évaporent, Kerkyra-Anemomylos, Greece. 2019

S. 21 Still wanting you, Kerkyra-Old town, Greece. 2023

S. 31 La tête coupée, Kefalomandouko, Greece. 2023

S. 43 Le dialogue, Bruxelles-Ixelles, Belgium. 2024

S. 49 Drifting, Bruxelles-Saint Gilles, Belgium. 2023

S. 63 Your Playground, Kerkyra-Potamos, Greece. 2018

Inhalt

Hiddensee 11
Meer 12
Überfahrt 13
Flucht 14
Der Sperber über dem Spatzennest … 16
Sonnenaufgang 17
Jahreszeiten 18
Frühling 19
Făgăraş 20
Caspar 22
Dresden 23
Über sieben Brücken 24
Liebesleben 26
Die sagen ein Versprechen muss man halten … 27
Poet und Raubfisch 28
Sturm 29
In die Binsen gehen 30
Die Einschusslöcher in meinem Herzen … 32
Kairos 33
Du pustest meine Träume weg … 34
Du bist mir gewachsen … 35
Ballade ohne Happy End 36
Epilog I 38
Epilog II 38
Epilog III 39
Ich denke nicht daran so einfach nicht mehr dein zu sein … 40
Meine Zweifel … 40
Monatelang … 41
Stille 42
Du hattest gelacht … 44
Wovor läufst du weg … 46
Gefühlsgeröll … 47

Der Fisch I 48
Der Fisch II 48
Annahme verweigert 50
Neben mir im Gras … 51
Schatzsuche 52
Alptraum 53
Roter Faden 54
Wie ein Dach … 55
Pinocchio … 56
Peterprinzip 57
Frau Winkelmann sitzt 58
Wie Perlen vor die Säue … 59
Nacht 60
Stalin unterm Weihnachtsbaum 61
Am Kamin 62
Angst greift wie ein Raubvogel nach meinem Herzen … 64

Ich danke vor allem meiner Familie: Meinem Mann Lars, meinen Kindern Rosa und Lorenz, meinen Eltern und Oma Lorchen Ich weiß, Ihr habt es nicht leicht mit mir. Also meistens.

Dank an Judith Mägel. Perle Rumäniens.

Danke Konrad Hirsch. Für Hiddensee.

Danke Jule Malischke, dass du daran geglaubt hast.

Danke an Antje Teubner und Andrea Lukas fürs Reden und Zuhören.

Danke Friederike (Riki) Händler. Dafür, dass du das erste Manuskript weggeworfen hast.

Merci à Bernadette Mergaerts pour tes magnifiques photos.

Vor allem aber danke ich all denen, die mich trotzdem immer wieder lieben. Rotwein und Zigaretten mitbringen. Einfach da sind.

Danke.